"…eu vou preparar um lugar para vocês…
E, depois que eu for e preparar um lugar para vocês,
voltarei e os levarei comigo para que
onde eu estiver vocês estejam também".
— **Jesus**

João 14:2,3

Jesus está voltando!

Escrito e ilustrado por
Debby Anderson

"O Senhor Deus diz ainda: '…eu mostrarei que me interesso por vocês e cumprirei a minha promessa de trazê-los de volta à pátria.
Só eu conheço os planos que tenho para vocês: prosperidade e não desgraça e um futuro cheio de esperança…'".

Jeremias 29:10,11

Agradecimentos especiais para:
David, Rhonda, Mackinnon, Everett e Saunders Buck por suas ideias criativas.

Jesus Is Coming Back
Text and illustrations copyright © 2005 by Debby Anderson
Published by Crossway Books
a publishing ministry of Good News Publishers
Wheaton, Illinois 60187, U.S.A.
www.crossway.org
This edition published by arrangement with Good News Publishers. All rights reserved.

© 2014 Publicações Pão Diário
Tradução: Rita Rosário
Revisão: Daniela Mallmann, Thaís Soler
Adaptação gráfica e diagramação: Audrey Novac Ribeiro
Ilustrações: Debby Anderson

Proibida a reprodução total ou parcial, sem prévia autorização, por escrito, da editora. Permissão para reprodução: permissao@paodiario.org
Todos os direitos reservados e protegidos pela Lei 9.610 n.º 9.610/98.
Exceto se indicado o contrário, as citações bíblicas foram extraídas da Nova Tradução na Linguagem de Hoje © 2000 Sociedade Bíblica do Brasil.

Publicações Pão Diário
Caixa Postal 4190, 82501-970, Curitiba/PR, Brasil
publicacoes@paodiario.org
www.publicacoespaodiario.com.br
Telefone: (41) 3257-4028

Código: DP546 • ISBN: 978-1-60485-912-6

2.ª edição: 2014 • 3.ª impressão: 2022

Impresso na China

Para Lindsey Anderson,
a resposta das nossas orações para que o Senhor desse uma mulher temente a Deus para ser esposa de nosso filho, Joe.
Com amor de mãe.

Quando olho para as nuvens,
lembro-me de que Jesus prometeu que vai voltar.
E me pergunto… Será que Ele vem hoje?

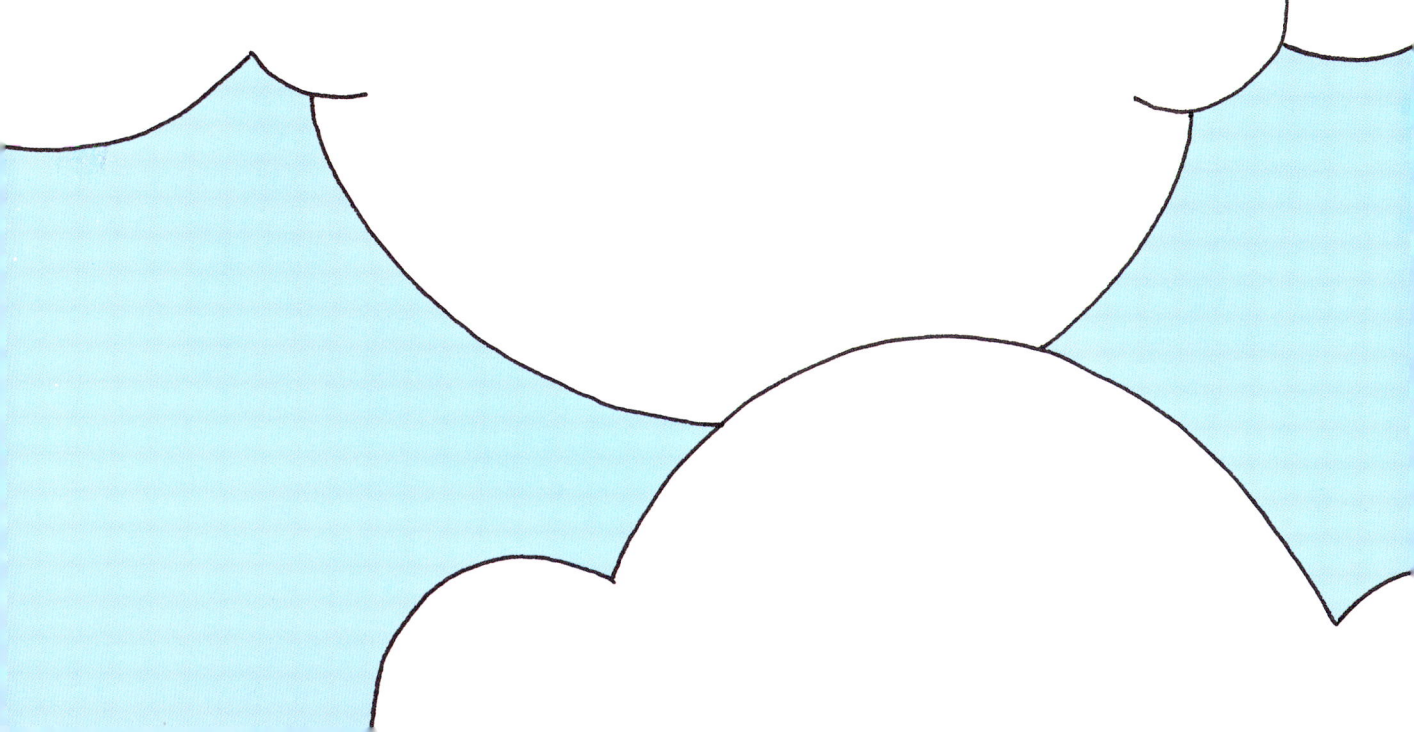

Eu fico muito feliz quando penso que o Natal logo vai chegar…

ou quando um amigo vem passar a noite em minha casa...
ou quando o vovô e a vovó vêm nos visitar!
Mas pensar na volta de Jesus é tão bom que não dá nem para imaginar!
Mas é verdade! Ele prometeu voltar...
e eu sei que Jesus cumpre as promessas que Ele faz!

Jeremias 29:10,11; 2 Pedro 3:8,9

Quando Jesus voltar, nós vamos subir, subir até encontrar com Ele nas nuvens! No mesmo momento que nós o virmos, seremos transformados — num piscar de olhos — teremos um novo corpo, igualzinho ao de Jesus!

Nós ainda vamos nos parecer como somos hoje, mas seremos perfeitos! E no momento seguinte, Ele nos levará para o nosso novo lar — na eternidade.

1 Coríntios 15:51-53; Filipenses 3:20,21; 1 João 3:2

Talvez Jesus volte enquanto eu estiver brincando no balanço — daí é só continuar indo para cima!
Talvez Ele volte quando eu estiver escorregando. Se isso acontecer eu vou escorregar para cima em vez de escorregar para baixo!

1 Tessalonicenses 4:15-18

Depois que Jesus morreu e ressuscitou,
Ele subiu ao céu por entre as nuvens.

Atos 1:9-11

Ele agora está no céu, deixando tudo pronto para a nossa chegada! Tudo lá está brilhando de novinho e cheio de aventuras e muito amor.

Apocalipse 21:1-4

No céu, vamos louvar a Deus, explorar os ambientes, aprender e ajudar...
No céu existe muito mais do que as palavras podem dizer! Imagine!

"Quero descobrir como as lagartas se transformam em borboletas!"

1 Coríntios 2:9; Apocalipse 5:13

Enquanto Jesus está preparando o céu para nós, estamos nos preparando para ficar prontos para ir morar com Ele! A maneira mais importante de estarmos prontos é termos a certeza de que somos dele. Se você não tem esta certeza, talvez queira fazer esta oração:

Querido Jesus,
Eu sei que o céu é um lugar perfeito.
Sei também que o Senhor morreu
numa cruz por meu pecado.
Por favor, perdoa os meus pecados e maldades
para eu ficar pronto para ir para o céu.
Muito obrigado, porque eu vou ser
do Senhor para sempre. Amém.

Atos 16:31; Romanos 3:23; 6:23

Uma maneira de ficarmos prontos para Ele é fazer as coisas que Ele nos disse para fazer… como ajudar os outros e compartilhar o Seu amor com todas as pessoas no mundo. Então, vamos fazer exatamente isso!

…ajudar alguém que caiu…

…procurar o animalzinho de estimação do vizinho, que por acaso se perdeu…

…ajudar a lavar a louça…

...cantar músicas que agradam a Deus...

...falar de Jesus para um amigo ou amiga...

...ajudar a carregar o peso dos outros...

Mateus 28:19,20
Efésios 5:1,2

Há milhares de maneiras para compartilhar o amor de Deus!

…compartilhar o brinquedo…

…compartilhar uma história da Bíblia…

…compartilhar as frutas num piquenique…

...compartilhar um lápis de cor...

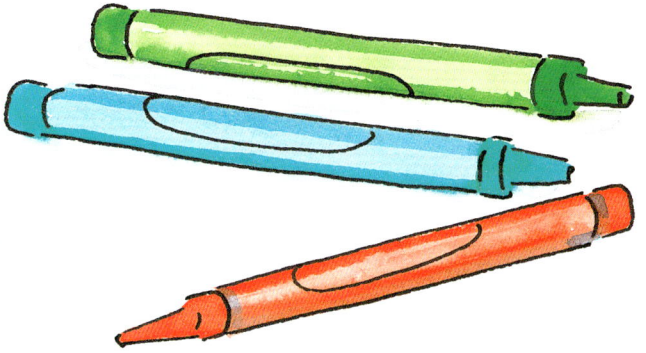

...compartilhar uma oração...

...compartilhar um sorriso!

Isaías 61:1-3

Saber que Jesus vai voltar para nos buscar dá forças nas horas de dificuldades,

coragem nas horas do medo,

e esperança nos momentos de tristeza.

Isaías 35:3,4

Vai ser uma surpresa quando Ele voltar.
Talvez Ele venha no outono enquanto estivermos
colhendo maçãs no quintal da casa de nossos primos.

Talvez Ele venha no inverno quando estivermos levando bolachinhas para os nossos vizinhos. Talvez Ele venha na primavera quando estivermos ajudando no quintal ou no jardim.

Talvez Ele venha no verão quando estivermos fazendo um estudo da Sua Palavra no nosso quintal. Talvez Ele volte antes de terminarmos de ler este livro!